全国中等职业技术学校汽车类专业教材

汽车概论（第二版）习题册

中国劳动社会保障出版社

简 介

本习题册是全国中等职业技术学校汽车类专业教材《汽车概论（第二版）》的配套用书。习题册紧扣教学要求，按照教材章节顺序编排，知识点分布均衡，题型丰富多样，难易配置适当，适合学生复习和巩固知识使用。

本书由祖国海主编，潘志勇、王平、高清华、隋礼辉、张树玲参加编写。

图书在版编目（CIP）数据

汽车概论（第二版）习题册/祖国海主编. —北京：中国劳动社会保障出版社，2016
全国中等职业技术学校汽车类专业教材
ISBN 978-7-5167-2484-2

Ⅰ.①汽… Ⅱ.①祖… Ⅲ.①汽车-中等专业学校-习题集 Ⅳ.①U46-44

中国版本图书馆 CIP 数据核字(2016)第 081930 号

中国劳动社会保障出版社出版发行
（北京市惠新东街 1 号 邮政编码：100029）
出 版 人：张梦欣

*

郑州市运通印刷有限公司印刷装订 新华书店经销
787 毫米×1092 毫米 16 开本 3 印张 70 千字
2016 年 4 月第 1 版 2023 年 12 月第 11 次印刷
定价：6.00 元

营销中心电话：400-606-6496
出版社网址：http://www.class.com.cn
http://jg.class.com.cn

目　录

第一章 汽车概述

§1—1 汽车总体构造和技术参数

一、填空题（将正确答案填写在横线上）

1. 现代汽车一般都由__________、__________、__________和____________四个部分组成。

2. 发动机是汽车的__________装置。

3. 发动机由______________、______________、______________、______________、__________、______________和____________（汽油机有、柴油机无）等组成。

4. __________是汽车的基础。

5. 底盘由__________、__________、__________和__________四大部分组成。

6. __________为驾驶员和乘客提供工作和乘坐空间及装载货物。

7. 通常货车车身包括__________和__________两部分，客车和轿车一般采用__________车身。

8. 汽车电气设备包括____________________及_______、_______、_________、__________等用电设备。

9. 整车装备质量是汽车______________的质量，包括润滑油、_______、随车工具、_________等所有装置的质量。

10. 最大设计总质量是汽车_______时的总质量。

11. 最大装载质量是______________________________。

12. 最大轴载质量是汽车_________所承载的最大总质量。

13. 车长是汽车长度方向__________间的距离。

14. 车宽是汽车__________方向两极端点间的距离。

15. 车高是汽车_______点至_______间的距离。

16. 轴距是汽车_______中心至_______中心的距离。

17. 轮距是______________________的距离。

18. 汽车最前端至前轴中心的距离称为_________。

19. 汽车最后端至后轴中心的距离称为_________。

二、判断题（对的打“√”，错的打“×”）

1. 一般来讲，装备质量大的汽车高速行驶时的稳定性好。（ ）

2. 轴距的长短直接影响汽车的长度，但不影响车的内部使用空间。 （　　）
3. 轴距越长，内部使用空间越大，汽车的机动性越好。 （　　）
4. 最小离地间隙越大，汽车越容易越过障碍物。 （　　）
5. 最小离地间隙越大，稳定性越差。 （　　）
6. 接近角越大，汽车的通过性能就越差。 （　　）
7. 离去角越大，车辆就可以由越陡的坡道上下来，而不用担心后保险杠会被卡住。 （　　）
8. 转向盘转到极限位置时的转弯半径为最小转弯半径。 （　　）
9. 最高车速是指汽车在道路上行驶时能达到的最大速度。 （　　）
10. 最大爬坡度是指汽车空载时的最大爬坡能力。 （　　）
11. 平均燃料消耗量是指汽车在道路上行驶时每百公里平均燃料消耗量。 （　　）

三、名词解释

1. 最小离地间隙

2. 接近角

3. 离去角

4. 转弯半径

5. 最大爬坡度

6. 平均燃料消耗量

§1—2 汽车的分类

一、填空题（将正确答案填写在横线上）

1. 汽车是指由动力驱动，具有________车轮的________承载的车辆。
2. 根据设计和技术特性，车辆分为________、________、________。
3. 汽车分为________和________两类。
4. 乘用车包括驾驶员座位在内最多不超过____座位，它也可以牵引________。
5. 乘用车主要包括：________、________、________、________、________、________、________、________、________、________、________等 11 种。
6. 专用车又可分为________、________、________、________。
7. 商用车按照用途分为________、________和________三大类。
8. 挂车包括________、________、________。
9. 汽车列车主要可分为________、________、________、________、________、________、________和________。
10. 根据 GB/T 15089—2001《机动车辆及挂车分类》，机动车辆及挂车分为________、________、________、________和________五种类型。
11. L 类车辆是指两轮或________机动车辆。
12. M 类车辆是指至少具有________车轮的载客机动车辆。
13. N 类车辆是指至少有________车轮且用于________的机动车辆。
14. O 类车辆是指包括________在内的挂车。
15. G 类车辆是指满足要求的 M 类、N 类的________。

二、名词解释

1. 汽车

2. 乘用车

3. 商用车辆

4. 挂车

5. 汽车列车

§1—3 汽车识别代号

一、填空题（将正确答案填写在横线上）

1. 车辆识别代号（VIN）是汽车制造厂为了识别一辆汽车而给定的__________，由__________和__________组成，共__________位。

2. 对于年产量大于等于500辆的制造厂，车辆识别代号由__________、__________、__________三部分组成。

二、简答题

1. 简述世界制造厂识别代码（WMI）的组成及含义。

2. 简述车辆说明部分（VDS）的组成及含义。

3. 简述车辆指示部分（VIS）的组成及含义。

第二章 发 动 机

§2—1 汽车发动机的工作原理及总体构造

一、填空题（将正确答案填写在横线上）

1. 现代汽车发动机主要采用________内燃机。它具有功率大，热效率高，体积小，重量轻，操作简单，便于移动，起动性好等优点。

2. 发动机按照所使用燃料的不同分为________和________。

3. 发动机按照完成一个工作循环所需的行程数分为________和________。

4. 发动机按照冷却方式不同分为________和________。

5. 发动机按照气缸数目不同分为________和________。

6. 发动机按照气缸排列方式不同可以分为________和________。

7. 发动机按照进气系统是否采用增压方式可以分为________和________。

8. 四冲程汽油机的一个工作循环包括四个行程，即________、________、________、________。

9. 曲轴转________圈，活塞上下往复四个行程完成一个工作循环。

10. 进气过程开始，活塞下移，气缸内容积________，压力________，当压力低于________时，在气缸内产生________，空气和汽油的混合气体通过进气门进入气缸，在气缸内进一步形成混合气。

11. 一般汽油机的压缩比为________，柴油机的压缩比为________。

12. 四冲程直列四缸发动机发火间隔角为________，________曲拐布置在同一平面内，相邻两工作缸曲拐夹角为________，曲轴每转________就有________气缸作功。发火次序有两种可能的排列法，即________或________。

13. 四冲程汽油机由安装在一个机体上的________机构和________系统组成。四冲程柴油机由________机构和________系统组成，即无________。

14. 发动机的两大机构是________和________。

15. 发动机的五大系统是________、________、________、________、________。

二、选择题

1. 活塞在发动机气缸中的（　　）位置称为上止点。

A. 最高　　B. 最低　　C. 中央　　D. 水平

2. 下止点是活塞顶离曲轴回转中心（　　）。

A. 最远处　　B. 最近处　　C. 最低处　　D. 最高处

3. 上、下两止点间的距离称为（　　）。

A. 活塞行程　　B. 压缩比　　C. 发动机工作容积　　D. 气缸总容积

4. 气缸总容积与燃烧室容积的（　　）称为压缩比。

A. 差值　　B. 和　　C. 乘积　　D. 比值

5. （　　）是汽车的动力装置。

A. 车身　　B. 底盘　　C. 电气设备　　D. 发动机

6. 汽油机通常由（　　）和五大系统组成。

A. 两大机构　　B. 三大机构　　C. 四大机构　　D. 五大机构

7. 汽油机组成中的五大系统包括燃料供给系、点火系、冷却系、润滑系、（　　）。

A. 启动机　　B. 配电系　　C. 蓄电池　　D. 启动系

8. 在一个工作循环内，曲轴旋转（　　）周，活塞在气缸内往复 4 个行程，称为四冲程发动机。

A. 1　　B. 2　　C. 3　　D. 4

9. 下列行程中，进、排气门都关闭的是（　　）。

A. 进气行程　　B. 压缩行程　　C. 做功行程　　D. 排气行程

10. 由于柴油机压缩比大，压缩终了时气体的温度和压力比汽油机（　　）。

A. 高　　B. 低　　C. 相等　　D. 小

三、判断题（对的打“√”，错的打“×”）

1. 活塞在上止点时，活塞顶上面的空间叫作发动机工作容积。（　　）
2. 目前，一般汽油机的压缩比为 16 ~ 22，柴油机的压缩比为 6 ~ 11。（　　）
3. 柴油机通常由两大机构和五大系统组成。（　　）
4. 四冲程柴油机的可燃混合气形成、着火方式等与汽油机相同。（　　）
5. 四冲程发动机在一个工作循环内，曲轴旋转 2 周。（　　）

四、名词解释

1. 四行程内燃机

2. 二行程内燃机

3. 上止点

4．下止点

5．活塞行程

6．气缸工作容积

7．发动机排量

8．燃烧室容积

9．压缩比

10．工作循环

五、简答题

1．简述发动机的进气行程。

2. 简述发动机的压缩行程。

3. 简述发动机的作功行程。

4. 简述发动机的排气行程。

§2—2 曲柄连杆机构

一、填空题（将正确答案填写在横线上）

1. 曲柄连杆机构的功用是把燃气作用在____________的力转变为曲轴的____________，向工作机械输出机械能。

2. 曲柄连杆机构由____________________、____________________和______________三部分组成。

3. 气缸体上半部有若干个为活塞在其中运动导向的圆柱形空腔，称为____________。

4. 气缸体和曲轴箱通常制成一体，由____________或____________铸造。

5. 气缸盖的主要功用是封闭__________，并与__________和________一起形成燃烧室。

6. 气缸垫的功用是保证气缸体与气缸盖之间的________，防止________、________和________。

7. 油底壳的主要功用是储存________并封闭________。

8. 油底壳底部的放油塞是磁性的，目的是能吸集机油中的__________，以减少发动机运动零件的磨损。

9. 活塞连杆组由____________、____________、____________、________等机件组成。

10. 活塞一般采用高强度____________制造。

11. 活塞顶部是______________的组成部分。

12. 活塞头部加工有________，以安装____________。

13. 活塞环按其功用可分为____________和____________两类。

14. ________连接活塞和连杆小头，将活塞承受的气压传给连杆。

15. 连杆由____________、____________、____________三部分组成。

16．曲轴一般由__________、__________、__________、__________、__________和__________等组成。

17．一个连杆轴颈和它两端的曲柄及相邻两个主轴颈构成一个__________。

二、选择题

1．气缸体的气缸排列形式主要有单列式和（　　）等。

A．V形　　B．L形　　C．双列式　　D．直列式

2．（　　）的作用是连接活塞与连杆，将活塞承受的气体作用力传给连杆。

A．活塞环　　B．活塞销　　C．曲轴　　D．飞轮

3．曲柄连杆机构的功用是把（　　）作用在活塞顶上的力转变为曲轴的转矩，并通过曲轴对外输出机械能。

A．气体　　B．汽油　　C．空气　　D．燃烧气体

三、简答题

1．简述气环的作用。

2．简述油环的作用。

3．简述连杆的功用。

4．简述飞轮的功用。

§2—3　配 气 机 构

一、填空题（将正确答案填写在横线上）

1．配气机构的布置形式按凸轮轴的位置可以分为__________、__________和__________

________________。

2. 配气机构的布置形式按传动方式来分可以分为________________、____________和________________。

3. 配气机构主要由____________和________________两部分组成。

4. 气门组主要由______________、______________、______________、____________、__________、____________、____________、____________、____________等组成。

5. 气门传动组主要由______________、____________、____________、____________、____________、____________、____________、____________、____________等组成。

6. 凸轮的轮廓决定了气门的________________________。

7. 配气相位就是用__________________表示的进、排气门的实际开闭时刻和开启的持续时间。

8. 配气相位角包括____________、________________、____________、____________、____________。

二、选择题

1. 汽车发动机大都采用（　　）气门式配气机构。

A. 顶置　　B. 侧置　　C. 横置　　D. 纵置

2. 为了使发动机进气充分，排气彻底，进气门应在活塞（　　）前开启，在（　　）后关闭。

A. 上止点　　B. 下止点　　C. 以上都不对

三、简答题

1. 简述配气机构的功用。

2. 简述配气机构的工作原理。

§2—4　汽油机燃料供给系

一、填空题（将正确答案填写在横线上）

1. 可燃混合气浓度常用____________来表示。

2．空燃比 R 是可燃混合气中____________与____________的比值。

3．理论上 1 kg 汽油完全燃烧需要的空气量为____________。

4．可燃混合气的空燃比为__________时，称为标准混合气；__________时称为稀混合气；__________时称为浓混合气。

5．过量空气系数是指燃烧过程中 1 kg 燃料__________供给的空气质量（kg）与 1 kg 燃料______________上完全燃烧所需要的空气质量（kg）之比。

6．节气门开度在______________时为小负荷工况；节气门开度在______________时为中负荷工况；节气门开度在______________时为大负荷和全负荷工况。

7．汽油机燃料供给系统由____________、____________、______________组成。

8．进气系统的功用是尽可能多、尽可能均匀地向各缸供给___________或___________。

9．进气系统由____________和________________等组成。

10．排气系统的功用是_________________________________。

11．排气系统主要由____________和__________________等组成。

12．节气门体是当今电控发动机系统最重要的部件，它的上部是________，下部是____________。驾驶员通过加速踏板控制节气门体上的____________改变发动机的进气量，进行发动机的功率调节。

13．排气消声器的功用是________________。

14．燃油供给装置主要由________、__________、__________、________、______________和______________等组成。

15．电动燃油泵的作用是给电控燃油喷射系统提供具有______________的燃油。

16．喷油器一般分为____________和________________两种类型。

17．发动机电子控制系统主要由____________、____________和________________组成。

二、选择题

1．过量空气系数 $\alpha>1$ 时，称为（　　）。

A．标准混合气　　B．稀混合气　　C．浓混合气　　D．纯空气

2．能够维持发动机运转的可燃混合气浓度 R 值约在（　　）范围内。

A．6.5～20　　B．8.5～20　　C．14.7～25　　D．6.5～14.7

3．一般排气歧管由（　　）制造。

A．铸铁　　B．球墨铸铁　　C．不锈钢　　D．以上都可以

三、判断题（对的打"√"，错的打"×"）

1．电控喷射式燃料供给系混合气的形成是在进气管或气缸中进行的。（　　）

2．$R>14.7$ 时称为浓混合气；$R<14.7$ 时称为稀混合气。（　　）

3．$R>14.7$ 时，燃料能够完全燃烧，经济性最好。（　　）

4．油箱外形和安装位置主要考虑全车的合理布置和安全性。（　　）

5．目前多数汽车采用不可拆式的滤清器。（　　）

6．内置式燃油泵安装在油箱中，易产生气阻。（　　）

7. 喷油器实际上是一个电磁阀。 ( )

8. 油压调节器可使燃油压力调节在250~300 kPa范围内。 ( )

9. 氧传感器安装在排气歧管前或排气管内。 ( )

四、简答题

1. 简述汽油机燃料供给系的作用。

2. 简述燃油压力调节器的作用。

3. 简述空气流量传感器的功用。

4. 简述进气压力传感器的功用。

5. 简述节气门位置传感器的功用。

6. 简述进气温度传感器的功用。

7. 简述氧传感器的功用。

8. 简述电控单元的功用。

§2—5　柴油机燃料供给系

一、填空题（将正确答案填写在横线上）

1．柴油机燃料供给系由________________、________________、________________及________________组成。

2．燃油供给装置由____________、____________、____________、____________、____________、____________、____________、__________等组成。

3．空气供给装置由____________、________________和________________等组成。

4．混合气形成装置是____________。

5．柴油机燃料供给系的基本油路包括____________、________和________。

6．低压油路主要完成____________________________等任务。

7．柴油供给任务主要由____________来完成。

8．车用柴油机大多数采用____________和__________________两种。

9．孔式喷油器主要由____________、____________、____________、______________、____________等组成。

10．喷油泵的结构形式有很多，常见喷油泵大体可分为____________、____________、____________________三类。

11．柱塞式喷油泵主要由____________、____________、____________和____________四部分组成。

12．在泵油机构中，________________和________________是两个极其重要的偶件。

13．直列式油泵常见的油量调节机构有____________________________、____________________、____________________________。

14．喷油泵的驱动机构由________________和________________等组成。

15．泵体是喷油泵的基础零件，______________、______________和________________等都安装在喷油泵体上。

16．输油泵的结构形式有____________、____________、____________和____________等几种，其中，________________由于工作可靠，目前应用广泛。

17．活塞式输油泵由____________、________________、____________、____________和________________等组成。

18．油水分离器由____________、________________和________________等组成。

19．实现柴油机增压的方法很多，主要有________________和__________________两种。

20．机械增压系统的特点是增压器的________是通过柴油机________________装置（齿轮、传动带、链条等）带动的。

21．废气涡轮增压器的结构通常由__________、__________和__________三部分组成。

22．位置控制喷油系统主要包括________________和________________。

23. 时间控制系统主要包括________________、________________、____________和____________________。

24. 柴油机电控系统由____________、____________和____________三个部分组成。

二、选择题

1. 低压油路的油压由输油泵建立，一般为（　　）。
   A. 15～30 kPa　　B. 15～30 MPa　　C. 150～300 kPa　　D. 150～300 MPa
2. 高压油路的油压由喷油泵建立，一般为（　　）MPa以上。
   A. 5　　B. 10　　C. 15　　D. 30
3. 柴油机混合气是在（　　）内完成的。
   A. 化油器　　B. 进气管　　C. 燃烧室
4. 下列零件不属于柴油机燃料供给系低压回路的是（　　）。
   A. 输油泵　　B. 喷油泵　　C. 滤清器
5. （　　）的作用是将柴油雾化成细小的颗粒，并把它们合理分布到燃烧室中，以便与空气混合形成可燃混合气。
   A. 喷油器　　B. 喷油泵　　C. 输油泵
6. 关于柴油机增压下列说法正确的是（　　）。
   A. 增压是为了提高柴油机的经济性
   B. 增压是为了提高换气质量
   C. 增压是为了提高柴油机的动力性
   D. 增压是为了提高柴油机的可靠性
7. 关于柴油机增压下列说法正确的是（　　）。
   A. 采用废气涡轮增压的主要目的是利用废气能量提高热效率
   B. 采用废气涡轮增压的主要目的是提高柴油机功率
   C. 机械增压达到一定增压压力后不再提高柴油机的功率
   D. 限制废气涡轮增压压力提高的主要原因是涡轮的工作能力

三、判断题（对的打“√”，错的打“×”）

1. 柴油机混合气形成装置是进气道。（　　）
2. 低压油路的油压由输油泵建立。（　　）
3. 输油泵的供油量等于喷油泵的出油量。（　　）
4. 球销式油量调节机构用于柱塞式喷油泵。（　　）
5. 柴油滤清器的滤芯多采用滤纸，也有采用毛毡或高分子材料的。（　　）
6. 柴油机电控燃油系统第三代产品可实现高压喷射，最高可达160 MPa。（　　）

四、简答题

1. 简述喷油器的作用。

2. 简述柱塞式喷油泵的作用。

3. 简述输油泵的作用。

4. 柴油机电控燃油系统第一代产品的结构特点是什么?

5. 柴油机电控燃油系统第二代产品的结构特点是什么?

6. 柴油机电控燃油系统第三代产品的结构特点是什么?

§2—6 润 滑 系

一、填空题（将正确答案填写在横线上）

1. 润滑系主要作用为____________、____________、____________、____________。

2. 发动机按润滑油供应方式不同分为____________、____________、____________。

3. 润滑系主要由________、____________、____________、____________、________、____________和____________等组成。

4. 发动机工作时，机油泵通过____________从____________中吸入机油，以防止大的杂质进到机油泵内。具有一定压力的机油大部分进入________________，另一小部分首先进入__________的轴承，再进入____________，之后流回____________。

5. 集滤器安装在____________的前端，防止较大颗粒杂质进入机油泵。

6. 现代汽车发动机通常采用____________机油泵。

7. 安全阀的作用是限制润滑系统机油的__________。

8. 机油滤清器的作用是滤去进入润滑油道的________________。

9. 现代发动机广泛使用由____________和______________组合而成的______________
______。

10. 曲轴箱通风方式有________________和________________两种。

二、选择题

1. 下列零件属于压力润滑的是（　　）。
   A. 凸轮　　B. 曲轴主轴承　　C. 活塞销
2. 下列零件属于飞溅润滑的是（　　）。
   A. 凸轮　　B. 曲轴主轴承　　C. 连杆轴承
3. 发动机润滑系中，润滑油的储存装置是（　　）。
   A. 油底壳　　B. 机油泵　　C. 机油粗滤器　　D. 机油细滤器

三、判断题（对的打“√”，错的打“×”）

1. 发动机机油泵输出的机油须全部经过粗滤器后至细滤器，最后至主油道。（　　）
2. 润滑强度高的零件可以用飞溅润滑方式。（　　）

四、简答题

1. 简述润滑系统的功用。

2. 简述润滑系统的润滑方式。

3. 简述机油泵的功用。

§2—7　冷　却　系

一、填空题（将正确答案填写在横线上）

1. 目前汽车发动机上采用________________________。

2. 水冷却系主要由__________、________、________、________、_______、_______、________和____________等组成。

3. 强制循环式水冷却系是用________把该系统的冷却液体加压，使之在水套中流动。

4. 通常，冷却水在冷却系内的循环流动路线有两条：____________________、____________________。

5. 散热器由____________、____________、____________等组成。

6. 散热器芯管的结构形式很多，常用的为____________、____________。

7. 轿车发动机上基本都是采用____________冷却风扇。

8. 目前汽车发动机一般采用____________水泵。

9. 目前多数发动机采用____________节温器。

10. 最常用的防冻剂是____________。

二、选择题

1. 汽车发动机大多数使用的是（　　）水泵。

A. 离心式　　B. 电动式　　C. 齿轮式　　D. 以上答案都不对

2. （　　）的作用是对发动机冷却水加压，使冷却水循环流动。

A. 水泵　　B. 风扇　　C. 散热器　　D. 节温器

3. （　　）用来改变冷却水的循环路线及流量，自动调节冷却水温度。

A. 水泵　　B. 风扇　　C. 散热器　　D. 节温器

三、判断题（对的打“√”，错的打“×”）

1. 汽车发动机大多数使用电动式水泵。（　　）

2. 冷却系的功用是使发动机温度最低。（　　）

四、简答题

1. 简述冷却系的作用。

2. 简述小循环的过程。

3. 简述大循环的过程。

4. 简述散热器的作用。

5. 简述风扇的作用。

6. 简述水泵的作用。

7. 简述节温器的作用。

§2—8 起 动 系

一、填空题（将正确答案填写在横线上）

1. 典型的电力起动系主要由__________、__________、__________和__________等组成。

2. 起动机由______________、__________和__________三部分组成。

3. 汽车上广泛采用的起动机为______________。

4. 现代汽车采用__________传动机构。

5. 串励式直流电动机由______、______等主要部件组成。

6. 电枢是直流电动机的旋转部分，包括__________、__________、__________、__________等。

7. 传动机构又称________或________。

8. 操纵机构应用最多的是__________，主要组成部分有__________、__________、__________、__________等。

9. 起动机每次起动时间不超过____s，再次起动时应间隔____s 以上。

二、简答题

1. 简述起动机传动机构的作用。

2. 简述操纵机构的作用。

3．简述起动机的使用方法。

§2—9 点 火 系

一、填空题（将正确答案填写在横线上）

1．点火系分____________、____________、________________三种。

2．电子点火系主要由________、________、________、________、______、______、____________________等部件组成。

3．点火线圈实质是利用____________原理制成的高倍率变压器。

4．分电器由______________、________________和________________等组成。

5．配电器由____________和____________组成。

6．电子点火系按点火信号发生器的不同主要有____________、____________和____________等电子点火系。

7．点火调节机构有____________________________和____________________________。

二、简答题

1．简述点火系的作用。

2．简述点火线圈的作用。

3．简述配电器的作用。

4．常用火花塞有哪几种类型？

第三章 底　　盘

§3—1　传　动　系

一、填空题（将正确答案填写在横线上）

1. 汽车传动系的基本功用是将发动机发出的动力传给＿＿＿＿＿。

2. 汽车传动系有＿＿＿＿＿＿＿和＿＿＿＿＿＿＿。

3. 机械式传动系发动机发出的动力依次经过＿＿＿＿、＿＿＿＿，以及＿＿＿＿＿和＿＿＿＿＿组成的＿＿＿＿＿＿，传至安装在驱动桥中的＿＿＿＿＿、＿＿＿＿＿和＿＿＿＿，最后传到驱动轮。

4. 汽车底盘的总体布置与发动机的位置及汽车的驱动方式有关，一般有＿＿＿＿＿＿＿＿＿＿＿、＿＿＿＿＿＿＿＿＿＿、＿＿＿＿＿＿＿＿＿＿、＿＿＿＿＿＿＿＿＿＿等。

5. 发动机前置后轮驱动，发动机布置在汽车＿＿＿＿，动力经过＿＿＿＿、＿＿＿＿＿、＿＿＿＿＿＿、＿＿＿＿＿＿，最后传到＿＿＿＿＿＿，使汽车行驶。

6. 发动机前置前轮驱动，发动机布置在汽车＿＿＿＿，动力经过＿＿＿＿、＿＿＿＿＿＿、＿＿＿＿＿＿，最后传到＿＿＿＿＿，这种布置形式在变速器与驱动桥之间省去了＿＿＿＿＿＿，使结构简单紧凑，整车质量小，高速时操纵稳定性好。

7. 发动机后置后轮驱动，发动机布置在汽车＿＿＿＿，动力经过＿＿＿＿＿、＿＿＿＿＿、＿＿＿＿＿、＿＿＿＿＿、＿＿＿＿＿，最后传到＿＿＿＿＿＿，使汽车行驶。

8. 发动机前置全轮驱动，发动机布置在汽车＿＿＿＿，动力经过＿＿＿＿＿、＿＿＿＿＿、＿＿＿＿＿、＿＿＿＿＿分别到达＿＿＿＿＿＿，最后传到＿＿＿＿＿＿，使汽车行驶。

9. 离合器位于＿＿＿＿＿与＿＿＿＿＿之间。

10. 离合器主动部分与＿＿＿＿＿＿＿连接，从动部分与＿＿＿＿＿＿连接。

11. 现代汽车多采用＿＿＿＿＿＿＿离合器和＿＿＿＿＿＿离合器。

12. 螺旋弹簧离合器由＿＿＿＿＿＿＿、＿＿＿＿＿＿＿、＿＿＿＿＿＿＿和＿＿＿＿＿＿＿等部分组成。

13. 膜片弹簧式离合器主要由＿＿＿＿＿＿、＿＿＿＿＿、＿＿＿＿＿＿、＿＿＿＿及＿＿＿＿＿等组成。

14. 目前，汽车离合器广泛采用＿＿＿＿＿和＿＿＿＿＿操纵机构。

15. 液压式操纵机构主要由＿＿＿＿＿＿、＿＿＿＿＿＿和＿＿＿＿＿＿系统等组成。

16. 在发动机前置、后轮驱动的机械式传动形式中，变速器位于________________与____________之间。

17. 变速器有三类档位________、________和____________。

18. 变速器按操纵方式分______________和______________。

19. 变速器操纵机构由____________、____________、____________和____________组成。

20. 目前轿车绝大部分自动变速器采用________________________系统完成换挡，它主要由____________、____________________、________________、______________、____________________等组成。发动机的动力经________________变速变矩，再经过________________进一步变速变矩输出动力。

21. 液力变矩器主要由________、________、________等组成。

22. 行星齿轮变速器主要由________________、__________、__________和____________等组成。

23. 液压控制系统主要包括____________、____________、___________、___________和____________等。

24. 电子控制系统主要由____________、____________和________________等组成。

25. 万向传动装置主要包括____________和____________，对于传动距离较远的分段式传动轴，还设置有____________。

26. 刚性万向节按其速度特性分为________________、________________和________________。

27. 十字轴式刚性万向节主要由____________、____________等组成。

28. 等速万向节的常见结构形式有____________和____________。

29. 传动轴有____________和____________之分。

30. 驱动桥主要由____________、____________、____________和____________等组成。

31. 按结构形式不同，桥壳可分为____________和____________两种。

二、选择题

1. 从离合器踏板到分离叉之间的各杆件统称为（　　）。
   A. 操纵机构　　B. 分离机构　　C. 压紧装置　　D. 从动部分

2. （　　）操纵机构主要由主缸、工作缸和管路系统组成。
   A. 机械式　　B. 液压式　　C. 气压式　　D. 气动式

3. 汽车传动系的功用是将发动机发出的动力传给（　　）。
   A. 车轮　　B. 离合器　　C. 变速器　　D. 驱动车轮

4. 离合器使（　　）与传动系逐渐接合，保证汽车平稳起步。
   A. 发动机　　B. 变速器　　C. 车轮　　D. 车架

5. （　　）暂时切断发动机与传动系的联系，便于变速器顺利换挡。
   A. 飞轮　　B. 离合器　　C. 压盘　　D. 分离轴承

6. 汽车变速器由（　　）和变速操纵机构组成。
   A. 齿轮　　B. 传动齿轮　　C. 变速传动机构　　D. 普通斜齿轮

7．（　　）装置用于防止汽车变速器自动脱挡。

A．自锁　　B．互锁　　C．倒挡锁　　D．操纵

8．汽车变速器（　　）的主要作用是改变转矩、转速和旋转方向。

A．变速操纵机构　　B．变速传动机构　　C．安全装置　　D．齿轮

9．汽车万向传动装置一般由万向节、（　　）和中间支撑组成。

A．传动轴　　B．半轴　　C．横拉杆　　D．纵拉杆

10．汽车万向传动装置等角速万向节主动轴和从动轴的角速度（　　）。

A．不相等　　B．相等　　C．一慢一快　　D．没有联系

11．汽车（　　）主减速器多采用一对大小不等锥齿轮传动机构。

A．单级　　B．双级　　C．三级　　D．多级

12．采用两对齿轮传动的称为（　　）主减速器。

A．单级　　B．双级　　C．三级　　D．多级

13．主减速器的功用是（　　）。

A．降速增矩　　B．降速降矩　　C．增速增矩　　D．增速降矩

14．汽车驱动桥将（　　）传来的动力传给驱动车轮。

A．万向节　　B．传动轴　　C．发动机　　D．万向传动装置

15．汽车在平直路面上行驶时，差速器（　　）。

A．不起差速作用　　B．起差速作用　　C．不起减速作用　　D．起减速作用

16．半轴是在汽车（　　）与驱动轮之间传递转矩的轴。

A．差速器　　B．主减速器　　C．传动轴　　D．变速器

17．差速器的功用是汽车转向时，允许（　　）以不同转速旋转。

A．前后传动轴　　B．前后轮　　C．左右半轴　　D．变速器一二轴

三、判断题（对的打“√”，错的打“×”）

1．汽车离合器的主动部分是曲轴。（　　）

2．汽车变速器的操纵机构有 3 个锁止装置。（　　）

3．汽车万向传动装置一般由万向节、传动轴组成。（　　）

4．汽车转弯行驶时，差速器不起差速作用。（　　）

四、简答题

1．简述离合器的功用。

2．简述万向传动装置的功用。

3. 简述驱动桥的功用。

4. 简述主减速器的功用。

5. 简述差速器的功用。

6. 简述半轴的功用。

7. 简述桥壳的功用。

§3—2 行 驶 系

一、填空题（将正确答案填写在横线上）

1. 汽车行驶系一般由________、________、________和________组成。

2. 汽车车架按其结构形式可分为____________、____________、____________、________________。

3. 车桥按配用悬架结构不同，车桥分为__________和__________两种。

4. 按车桥上车轮的作用不同，车桥分为____________、____________、____________和________________四种类型。

5. 现代轿车前桥广泛使用____________。

6. 前轮定位参数有____________、____________、____________和____________；后

轮定位参数有___________和_______________。

7. 主销后倾角的作用是能产生回正的___________，保证汽车能稳定地___________。

8. 主销后倾角一般不超过____。

9. 主销内倾角的作用是具有使车轮自动_________的作用，还能使_______________。

10. 一般主销内倾角β不大于____。

11. 前轮外倾角的作用是具有提高转向操纵的___________和车轮工作_____________的作用。

12. 现代汽车将外倾角一般设定为____左右，有的接近垂直，有的为负值。

13. 前轮前束具有使车轮________作用。

14. 前轮前束可通过改变___________的长度来调整。一般前束值为_________mm。

15. 汽车悬架一般由___________、___________和___________三部分组成。

16. 悬架又可分为___________和_______________。

17. 非独立悬架装置最常用的弹性元件是_______________。

18. 独立悬架大多采用________弹簧和________弹簧，而以________弹簧应用最广。

19. 横臂式独立悬架可分为___________和_______________两种。

20. 电子控制悬架系统由___________、___________________、___________等组成。

21. 车轮与轮胎组成车轮总成，通常由________、___________、___________组成。

22. 按胎体结构的不同，轮胎可分为___________和_______________两种。现代汽车绝大多数采用___________。

23. 充气轮胎分为有___________和_______________两种。

24. 按胎体的结构不同，轮胎分为___________和_______________。

二、选择题

1. 汽车前桥一般是（　　）。

A. 转向桥　　B. 驱动桥　　C. 转向驱动桥　　D. 支持桥

2. 能同时实现车轮转向和驱动的车桥称为（　　）。

A. 转向桥　　B. 驱动桥　　C. 转向驱动桥　　D. 支持桥

3.（　　）将汽车构成一个整体，支撑汽车全部质量。

A. 传动系　　B. 制动系　　C. 转向系　　D. 行驶系

4. 汽车悬架是（　　）与车桥之间的弹性传力装置。

A. 车架　　B. 车轮　　C. 减振器　　D. 车厢

5. 汽车应用的非独立悬架，广泛采用（　　）作为弹性元件。

A. 螺旋弹簧　　B. 钢板弹簧　　C. 减振器　　D. 扭杆弹簧

6. 汽车前轮、前轴、转向节与车架的相对安装位置称为（　　）。

A. 转向车轮定位　　B. 主销后倾　　C. 主销内倾　　D. 后轮定位

7. 主销安装到汽车前轴上后，其上端略向内倾斜，称为（　　）。

A. 主销后倾　　B. 主销内倾　　C. 主销前倾　　D. 主销外倾

8. 通过改变（　　）的长度可以调整汽车前轮前束的大小。

A. 横拉杆　　B. 直拉杆　　C. 前轴　　D. 后轴

9．（　　）的主要作用是提高汽车前轮行驶的安全性。

A．主销后倾　　B．主销内倾　　C．车轮外倾　　D．前轮前束

三、判断题（对的打“√”，错的打“×”）

1．挂车上的车桥都是支持桥。（　　）

2．独立悬架在轿车上广泛应用。（　　）

3．通过改变横拉杆的长度可以调整汽车前轮前束的大小。（　　）

四、简答题

1．简述车架的功用。

2．简述车桥的作用。

3．简述车轮定位的含义。

4．简述主销后倾角的含义。

5．简述主销内倾角的含义。

6．简述前轮外倾角的含义。

7. 简述悬架的作用。

§3—3 转 向 系

一、填空题（将正确答案填写在横线上）

1. 按转向能源的不同，转向系可分为____________和____________两大类。

2. 尽管现代汽车转向系的结构形式多种多样，但都包括____________、____________、和____________三个基本组成部分。

3. 转向操纵机构主要由____________、____________、____________等组成。

4. 常用的转向器有____________、____________等几种。

5. ____________是目前国内外应用最广泛的结构形式之一。

6. 循环球式转向器具有两对传动副：一对是____________，另一对是____________。

7. 转向传动机构由各种杆和臂组合而成，如____________、____________、____________、____________等。

8. 液压式动力转向系的转向加力装置包括____________、____________、____________以及位于整体式转向器内部的____________及____________等。

9. 电动动力转向系统通常由____________、____________、____________、____________、____________、____________等组成。

二、选择题

1. 机械转向系由转向操纵机构、转向器和（　　）三部分组成。
   A. 转向节　　B. 左右梯形臂　　C. 转向直拉杆　　D. 转向传动机构

2. 转向系的作用是实现汽车（　　）的改变和保持汽车稳定的行驶路线。
   A. 速度　　B. 动力　　C. 行驶方向　　D. 加速度

3. 循环球式汽车转向器一般由（　　）套传动副组成。
   A. 1　　B. 2　　C. 3　　D. 4

三、简答题

1. 简述转向系的功用。

2. 简述转向器的功用。

§3—4 制 动 系

一、填空题（将正确答案填写在横线上）

1. 制动系一般由________________和________________两个主要部分组成。

2. 制动操纵机构主要有______________、____________、____________、__________、以及____________和制动管路等。

3. 汽车上常用的制动器都是利用____________与____________工作表面的________而产生制动力矩。

4. 摩擦制动器有两种常见的结构形式，一种是____________，一般用在________；另一种为____________，一般用在________。

5. ____________固定在车轮轮毂上，随车轮一同旋转，它的工作面是内圆柱面。

6. 钳盘式制动器又分为____________________和____________________。

7. 基本的制动传动装置有____________、____________、____________。

8. 液压式传动装置以________为动力，控制制动蹄的张开或收拢。

9. 气压式传动装置以____________为动力，控制制动蹄的张开或收拢。

10. 我国车辆安全法规规定：现代汽车必须采用__________制动装置。

11. ABS 主要由____________、____________和________________三部分组成。

二、选择题

1.（　　）装置用于使停驶的汽车驻留原地不动。
A. 行车制动　B. 驻车制动　C. 完全制动　D. 液压制动

2. 汽车的制动装置都利用（　　）来产生制动作用。
A. 机械摩擦　B. 吸引　C. 固定　D. 磨合

3. 当制动力（　　）附着力时，车轮将被抱死而在路面上滑移。
A. 大于　B. 等于　C. 小于　D. 不确定

4. 汽车制动系可以按需要使汽车（　　）。
A. 匀速行驶　B. 加速行驶　C. 减速或停车　D. 加速或减速

5. 固定在汽车车轮上的旋转元件是（　　）。
A. 制动盘　B. 制动块总成　C. 活塞　D. 钳形支架

6. 目前各种轿车广泛采用（　　）式制动器作为车轮制动器。
A. 凸轮　B. 全盘　C. 钳盘　D. 轮缸

7. 鼓式车轮制动器是（　　）挤压随车轮同步旋转的制动鼓的内侧面而获得制动力。

A. 制动蹄片　　B. 回位弹簧　　C. 支承销　　D. 制动气管

8. 多数载货汽车的驻车制动器安装在（　　）之后。

A. 传动轴　　B. 发动机　　C. 变速器或分动器　　D. 车轮

9. 由于（　　）制动器的诸多优点，因而广泛用作汽车驻车制动器。

A. 鼓式　　B. 盘式　　C. 带式　　D. 其他形式

10.（　　）制动器可在行车制动装置失效后用于应急制动。

A. 盘式　　B. 鼓式　　C. 驻车　　D. 行车

11. 有的轿车用（　　）制动器兼充驻车制动器。

A. 前轮　　B. 后轮　　C. 行车　　D. 盘式

12. 汽车制动器（　　）的作用是将由踏板输入的机械推力转换成液压力。

A. 制动主缸　　B. 推杆　　C. 后活塞　　D. 制动轮缸

三、判断题（对的打"√"，错的打"×"）

1. 驻车制动装置用于汽车行驶时减速或停车。（　　）

2. 目前各种轿车广泛采用全盘式制动器作为车轮制动器。（　　）

3. 制动轮缸的作用是将主缸传来的液压力转变为使制动蹄张开的机械推力。（　　）

四、简答题

1. 简述制动系的功用。

2. 简述制动操纵机构的作用。

3. 简述制动器的作用。

4. 简述制动传动装置的功用。

5. 简述 ABS 的功用。

五、论述题

根据图示，说明制动器的工作过程。

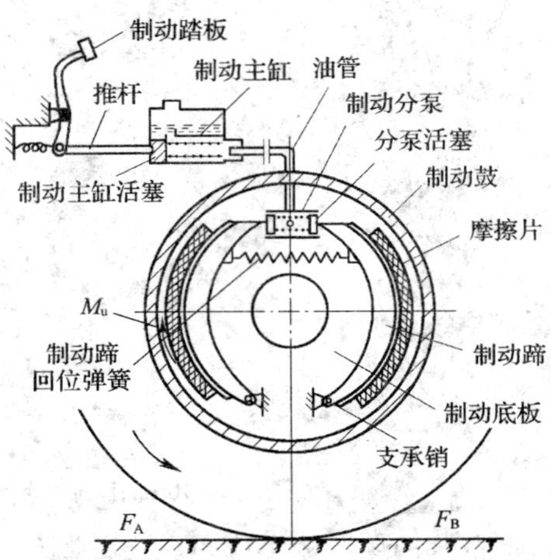

第四章 电气设备

§4—1 概　述

填空题（将正确答案填写在横线上）

1. 现代汽车电气设备大致可以分为三大部分________、____________和__________，它们构成全车电路。

2. 汽车电源的额定电压一般有______和______两种电源系，目前，汽油机和大部分的柴油机都采用______电源系，重型柴油车一般采用______电源系。

3. 12 V电源系的蓄电池输出电压为______，而发电机的输出电压一般为______；24 V电源系的蓄电池的输出电压为______，发电机的输出电压一般为______。

4. 蓄电池为________电源，为使蓄电池的电能能即使得到补充，汽车发电机的输出为________电。

5. 用电设备用两根导线分别与电源的____________连接，称为__________。

6. 汽车上采用车辆的________________作为电路的负线，所有的电器设备的负极都与_______________相连。_______________作为所有电器设备的公共负线，称为__________。

7. 按国际通行的做法和我国国家标准GB 2261—71《汽车拖拉机用电设备技术条件》的规定，汽车电器规定为________搭铁。

§4—2 电 源 系 统

一、填空题（将正确答案填写在横线上）

1. 汽车电源系统主要由____________、____________、____________及____________等组成。

2. 蓄电池、发电机与汽车用电设备都是________的。

3. 起动时，____________向起动机供电；发动机正常工作时，__________向用电设备供电和向蓄电池充电。

4. ____________用来指示蓄电池的充放电状况。

5. 调节器的作用是使发电机在转速变化时，能保持其输出电压__________。

6. 汽车电源系统还装有________________、________________、________________等电路控制部件。

7. 普通型铅蓄电池由________、________、________、________、________、________

和________等组成。

8. ________是蓄电池的核心部分，它分为________和________。

9. 正极板上的活性物质是____________________，负极板上的活性物质是________________。

10. 电解液由________________和____________按一定的比例配制而成。

11. 免维护蓄电池是指在合理的使用期限内不需___________，短途可行驶______公里，长途可行驶________公里。

12. 汽车用交流发电机由一个________________和用__________构成的____________组成。

13. 三相同步交流发电机由__________、__________、__________、__________、__________和__________等部件组成。

14. 转子总成由________、________、________、________等组成。

15. 定子总成由________和____________组成。

16. 整流器功用就是将定子产生的__________整流为____________。

二、选择题

1. 蓄电池正接线柱刻有（　　）号。
   A. “正”　　B. “+”　　C. “-”　　D. “正极”

2. 蓄电池隔板夹在相邻的（　　）之间，防止两者短路。
   A. 正、负极板　　B. 正、负接线柱
   C. 极板　　D. 连接条

3. 汽车发动机启动时，（　　）向启动机提供强大的启动电流。
   A. 蓄电池　　B. 发电机　　C. A 和 B　　D. 以上答案都不对

4. 汽车发动机怠速运转时，（　　）向用电设备供电。
   A. 发电机　　B. 蓄电池
   C. 发电机和蓄电池　　D. 发电机调节器

5. 普通汽车交流发电机一般由三相（　　）交流发电机和硅二极管整流器组成。
   A. 同步　　B. 异步
   C. 同步或异步　　D. 以上答案都不对

6. 汽车三相交流发电机（　　）是用来产生磁场的。
   A. 转子总成　　B. 定子总成　　C. 整流器　　D. 电压调节器

7. （　　）是汽车中除蓄电池外的另一个重要电源。
   A. 交流发电机　　B. 启动机　　C. 分电器　　D. 点火线圈

8. 电压调节器是稳定汽车发电机（　　）的装置。
   A. 输出电流　　B. 输出电压　　C. 输入电流　　D. 输入电压

三、判断题（对的打“√”，错的打“×”）

1. 蓄电池、发电机与汽车用电设备都是并联的。（　　）

2. 蓄电池是一种能使化学能和电能相互转换的装置。（　　）

3. 当发电机运转时，蓄电池接受发电机的部分电能以电能的形式贮存。（　　）
4. 蓄电池在整车电路中还起到电压稳压器的作用。（　　）
5. 电刷架总成的任务就是给转子绕组供给直流电，使转子产生磁场。（　　）

四、简答题

1. 简述蓄电池的主要作用。

2. 简述整流器的组成及作用。

§4—3　仪表与信号系统

一、填空题（将正确答案填写在横线上）

根据符号填写名称。

名称	符号	名称	符号	名称	符号

					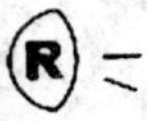

			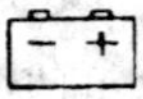		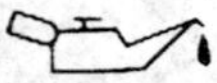
					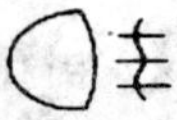

二、简答题

1. 简述汽车常用仪表及用途。

2. 简述转向信号灯的作用。

3. 简述危险警告灯的作用。

§4—4 照 明 系 统

一、填空题（将正确答案填写在横线上）

1. 汽车照明灯一般有________、________、________、________和________等。
2. 前照灯一般由________、________、________等组成。
3. 前照灯分为三种________、________、____________。

二、简答题

1. 汽车照明灯的基本要求有哪些？

2. 简述反光镜的作用。

3. 简述配光镜的作用。

§4—5 空调系统

一、填空题（将正确答案填写在横线上）

1．汽车空调一般由__________、__________、______________、_________和_____________等组成。

2．采暖系统的作用是对车辆内的空气进行加热，达到_______________的目的。

3．空调制冷系统主要由__________、__________、__________、__________、__________和_____________等组成。

二、简答题

1．简述采暖系统的作用。

2．简述空调制冷系统的工作过程。

§4—6 安全气囊系统

一、填空题（将正确答案填写在横线上）

1．安全气囊系统又称_______系统，是现代汽车广泛采用的一种乘员_______装置。

2．根据碰撞情形的不同，安全气囊分为______________、__________________、____________________。

3．根据安全气囊数目的不同，安全气囊分为______________和______________。

4．根据安全气囊控制类型分为_________和______________安全气囊，现代汽车大部分采用______________安全气囊。

5．安全气囊系统主要有_________、__________、_____________等组成。

6．气囊组件主要由__________、__________、__________等组成。

二、简答题

1．简述安全气囊的工作原理。

2．简述传感器的作用。

§4—7 辅 助 电 器

填空题（将正确答案填写在横线上）

1．电动车窗一般由________、____________及各个门窗的________等组成。

2．门窗升降器一般由____________、____________、____________及____________等组成。

3．传动机构有____________和____________两种。

4．汽车上广泛采用的电动式刮水器主要由_____________________、_______________、____________、________和________等部件组成。

5．电动天线的动力源一般使用____________。

6．汽车导航系统主要由________________、___________________、_________________及____________________组成。

第五章 汽 车 车 身

§5—1 概 述

简答题：

1. 简述非承载式车身的特点。

2. 简述半承载式车身的特点。

3. 简述承载式车身的特点。

§5—2 汽车车身的主要结构形式

一、填空题（将正确答案填写在横线上）

1. 轿车车身壳体由__________、__________和__________三大部分及相关构件组成。

2. 前车身主要由__________、__________、__________及__________等构件组成。

3. 中间车身侧体设有__________、__________、__________及沿周采用高强度钢制成的抗弯曲能力较高的__________断面。

4. 中间车身的窗柱起着__________和__________的作用，一般下部做的粗大，上部的截面尺寸需要考虑驾驶视野而缩小。

5. 后车身的主要载荷来自于________________。

6. 货车车身包括__________和__________两大部分。

7. 货车驾驶室的结构一般分为__________、__________和__________三种。最常见的为__________和__________驾驶室两种。

8. 货车车厢因装载的货物不同有____________、____________和____________三种。

二、简答题

1. 简述轿车车身壳体结构特点。

2. 简述货车车身壳体结构特点。

§5—3 车　　门

一、填空题（将正确答案填写在横线上）

1. 车门的结构形式很多，最常见的车门形式是_______________、_______________、_______________和_______________。

2. 车门是由____________、____________和____________三部分组成。

3. 车门壳体是由厚度__________mm 的钢板冲压的外板和板等焊接而成。

二、简答题

1. 对车门的要求有哪些？

2. 简述车门的结构类型及其特点。

第六章　新能源汽车

§6—1　纯电动汽车

一、填空题

1．纯电动汽车是完全由________________提供动力源的汽车。

2．纯电动汽车主要由________________________、________________________、____________________________组成。

3．纯电动汽车可分为______________、______________、______________三种。

二、简答题

1．纯电动汽车电动机中央驱动的结构特点是什么？

2．双电动机电动轮驱动结构的特点是什么？

§6—2　混合动力电动汽车

一、填空题

1．混合动力电动汽车是指拥有__________不同动力源的汽车。

2．混合动力电动汽车有______________、______________、______________三种基本的工作方式。

二、简答题

1．简述混合动力电动汽车的特点。

2．简述串联式混合动力汽车的基本结构特点。

3．简述并联式混合动力电动汽车的基本结构特点。

4．简述混联式（串、并联式）混合动力电动汽车的基本结构特点。

§6—3　燃气汽车

一、填空题

1．燃气汽车又称为__________汽车，主要分为______________汽车和______________汽车两种。

2. CNG 加气的主要设备包括：________、________、________、________、________。

3. 按照加气所需________的不同，CNG 汽车加气站可以分为两类：________式和________式。

4. CNG 汽车改装部分由________、________、________三个系统组成。

二、简答题

1. 简述燃气汽车的发动原理。

2. 燃气汽车是如何分类的？

§6—4　燃料电池电动汽车

一、填空题

1. 燃料电池电动汽车与普通电动汽车对比，主要区别在于________不同。

2. 燃料电池电动汽车由________、________、________、________、________、________组成。

二、简答题

简述燃料电池的反应机理。

第七章　汽车选购、管理与保险

§7—1　汽车主要性能

填空题（将正确答案填写在横线上）

1. 汽车动力性主要用汽车的____________、汽车的____________和汽车____________三方面的指标来评定。

2. 汽车的燃油经济性常用一定工况下汽车行驶__________燃油消耗量或一定燃油量能使汽车行驶的里程来衡量。在我国车燃油经济性指标的单位为____________。

3. 汽车的制动性能指标主要有____________、____________________、____________________、____________。

4. 汽车操控稳定性通常用汽车的___________来评价。转向特性有________转向、________转向以及________转向三种状况。

5. 汽车平顺性与汽车的____________、车身________，以及汽车的________性以及________性等有密切关系。

6. 汽车的通过性是指汽车在一定________下，能以足够高的平均车速，通过各种____________地带以及克服____________（陡坡、侧坡、台阶、壕沟等）的能力。

§7—2　汽车选购

一、填空题（将正确答案填写在横线上）

购买新车的基本流程是：____________、____________、____________、____________、____________、____________、____________、____________。

二、简答题

如果你想购买一辆汽车，你打算买哪个品牌的汽车？说明你选择的原因。

§7—3 汽 车 上 牌

简答题

1．简述汽车上牌的流程。

2．资料采集的主要内容有哪些？

§7—4 机动车管理与保险

一、填空题（将正确答案填写在横线上）

1．车辆保险具体可分__________和__________。商业险包括车辆________和____________险两个部分。

2．商业险主险包括________________、________________、______________、________________。

3．交强险的全称是__________________________________，是由保险公司对被保险机动车发生道路交通事故造成受害人（不包括______________和______________）的人身伤亡、财产损失，在责任限额内予以赔偿的强制性责任保险。

二、简答题

简述车辆管理范围及目的。